Afrofeministamente

Yolanda Arroyo Pizarro

Tratado de afroamor propio para niñas y jovencitas, niños y jovencitos, niñes todes. Una herramienta de afrodescubrimiento, afroautoestima y afroempoderamiento para adolescentes y tode adultx que necesite estos versos de AfroResistencia.

ISBN: 978-1-950792-13-9

Primera edición:2020

Portada: www.pixabay.com
Ilustraciones interior: Julio García

Foto autora: Zulma Oliveras

Diagramación: Linnette Cubano García

EDP University of P.R. Inc.
Ave. Ponce de León 560
Hato Rey, P.R.
PO Box 192303
San Juan, P.R. 00919-2303

www.edpuniversity.edu

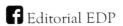 Editorial EDP

Dedicado a María Reinat Pumarejo, Stepahanie Boklan y
Pablo Luis Rivera.

Con mucho afroamor para
Sarah Ngobá Cabrera, mi pequeña Wanwe.

Siempre, siempre a mi Aurora y a mi Zu.

*La historia del hombre y la mujer negra
es la historia de todos los puertorriqueños.*

*Se nos ha educado para negar
todas las aportaciones africanas que existen
en la cultura puertorriqueña.*

Dra. Marie Ramos Rosado

Afronanas

Canción de cuna para las negritas

Pimpollo de canela
lirio en capullo
duérmete vida mía
mientras te arrullo
duérmete que en tu afro
cantan Ancestras
tus abuelas combativas
dibujan trenzas
duérmete que en tu afro
trazo los mapas
tus hebras son coronas
reinando bailan
duérmete que en tu afro
viven abuelos
y con toques de bomba
alzan el vuelo

calla mientras la cuna se balancea
que Aurorita tiene sueño
bendita sea, ea, ea

Esta nana es una variación de una canción de cuna
que cantaba la abuelita de Aurora en 1998.

La linda negrita que es la Bebé

La linda Negrita
que es la bebé
que linda que jeva
que brava que es

La linda Negrita
que es la bebé
que fuerte que astuta
que valiente es

La linda Negrita
que es la bebé
que ágil que lista
feminista es

La linda Negrita
que es la bebé
que Majestad Negra
que hermosa que es

A la limón

A la limón, a la limón,
no quiero más machismo
A la limón, a la limón,
lo veremos caer

A la limón, a la limón,
no sirve el patriarcado
A la limón, a la limón,
mandadlo a componer
urí urí urá
la Negra va a pasar
urí urí urá
la Negra va a pasar

A la limón, a la limón,
no quiero más abuso
A la limón, a la limón,
justicia he de traer

A la limón, a la limón,
seremos feministas
a la limón, a la limón,
esto se va a prender

A la limón, a la limón,
no quiero más racismo
A la limón, a la limón,
lo haremos arder

San Sereni

San Sereni de la buena, buena vida
hacen así, así las feministas
Así, así, así, así me gusta a mí

San Sereni de la buena, buena vida
hacen así, así afroguerreras
Así, así, así, así me gusta a mí

San Sereni de la buena, buena vida
hacen así, así antirracistas
Así, así, así, así me gusta a mí

San Sereni de la buena, buena vida
hacen así, así las Negras Reinas
Así, así, así, así me gusta a mí

Patriarchy is fallin down

El feo machismo va a caer
va a caer
va caer
el feo machismo va caer
lo lograremos.

El feo racismo va a caer
va a caer
va caer
el feo racismo va caer
lo venceremos.

[Otra versión]

El racismo se está cayendo
se está cayendo
se está cayendo
se cayó

el machismo se está cayendo
se está cayendo
se está cayendo
se cayó

el patriarcado se está cayendo
se está cayendo
se está cayendo
se cayó

Ay ay ay mi Negrita Linda
(en tono de Nana)

miren a la negrita con su afrito
miren los rollitos de la nena negra
esos ricitos lindos y bonitos
ese montón de lacitos
muchas cintas de colores
para mi amor juliaburguesino

cuando mi hija nació
su abuela me prohibió ponerle moñitos
para que no pareciera negrita, me dijo
y a mi ojo se le derramó una lágrima boreal
de vergüenza y desosirio
hoy es la primera vez que estas cosas digo
si hubiera aprendido todo lo que ya sé
afrofeministamente
a mi suegra, abuela de mi niña bella,
le hubiera dicho:
ay ay ay que la negrita es grifa
Ay ay ay, que la nena es pura negra
grifería en el pelo, cafrería en sus labios;
y su chata nariz mozambiquea

Ay ay ay, que el esclavo fue su tatarabuelo
es mi pena y es su pena
ya lo dijo antes la poeta
que si hubiera sido el amo blanco
sería esa nuestra vergüenza;
que en los hombres, igual que en las naciones,
si el ser el siervo es no tener derechos,

el ser el amo es no tener conciencia
miren a la negrita con su afrito
miren los rollitos de la nena negra
esos ricitos lindos y bonitos
ese montón de lacitos
ella es mi amor juliaburguesino
ay ay ay que mi nena es linda
y pura negra.

Primer Afroamor

Cuando unx niñx de tu escuela
se enamore de ti y quiera ser tu novix
recuérdale que mereces justicia
recuérdale que dentro de ese amor
debe haber igualdad
recuérdale que no debe permear
la burla por tu color de piel
no debe haber prejuicio ante tus trenzas
no debe tratarte distinto a otros más claritos
no deberá minimizarte
ningunearte
invisibilizarte
recuérdale que debe respetar tu melanina
debe honrar la maravillosa victoria
que implica que existas
que no te hayas rendido
Cuando unx niñx de tu escuela
se enamore de ti y quiera ser tu novix
debe intuir, sospechar, reconocer, saber
que eres una Afrodivx.

Afrodiva

En Puerto Rico existe la idea incorrecta de que el tema negro
se circunscribe exclusivamente al periodo de la "esclavitud."
Y se fomenta a nivel general una visión distorsionada
de la imagen del hombre y la mujer negra.

Dra. Marie Ramos Rosado

Recuerdo haberle dicho a mi abuela que
"no podía creer que yo le gustaba a ese muchacho,
porque ¿cómo se fijó en mí si soy tan negra y tan fea?".
Eso fue a mis 16.
Ser negra y fea fue lo que me enseñó el mundo.
Ustedes creen que no, pero sí.
El mundo de los blancos y el mundo de los negros
que se auto-odian y no quieren ser negros,
ese mundo me hizo creer que yo no daba el grado.

Hasta que se lo dije a mi abuela.
Y ella me dijo lo mismo que le dijo esa madre
a su niñita de 4 años.
Que yo sí valgo.
Que yo sí soy hermosa.
Que yo sí estoy bien buena,
y soy talentosísima,
y haré grandes cosas.
Y que nunca me deje mangonear
ni ningunear por blancoide racista alguno.
Esa fue mi abuela, *ladies and gentlemen*.
Con esa babilla, y ese guille, y ese *flow*
que me traspasó justo en ese bendito momento.

La Afrodiva era mi Abuela
Manifiesto de afroamor propio

Yo me amo y me afroamo
mi afroidentidad es sublime e importante
mi afrointelecto viene de las divinidades
de la sabiduría de las tatarabuelas
de los juegos de aldea
de la afrosororidad en tribu
mi reconocimiento de los ancestros
y su recuerdo es primordial
amo mi melanina
ese color de piel maravilloso
esa pigmentación de dermis extraordinaria
el hermoso color café con leche
el asombroso color caramelo
ese portentoso color sepia
somos Altezas de piel canela
reyes y reinas Ashanti, yoruba, carabalí

Yo me amo y me afroamo
y defenderé mi derecho a existir
y ser tratado con igualdad y liberación

Yo me amo y me afroamo
amaré y afroamaré a mis hermanos de negritud
aquellos que reciben dificultades del mundo
debido al racismo y los prejuicios
aquellos que mientras más oscuro son
más difícil se les hace sobrevivir.
A ellos, a ellas, a elles y a mí
todo este Afroamor.
Aménashé.

Tratado de auto–afroreparación

Cuando se habla de la puertorriqueñidad,
siempre es sobre los blancos;
el elemento negro no se discute
como parte de la identidad.

Dra. Marie Ramos Rosado

Sanaré la herida racista causada
por todo aquel que me ha dicho fea
por mi color de piel
de quienes han empleado la frase hiriente
"mejorar la raza"
de aquellos que se han atrevido a llamar a mi afro
"Pelo malo"

Sanaré la herida
y afrorepararé con compasión y ternura
los insultos y la mezquindad clavados en mi corazón
besaré mis manos negras
acariciaré mi oscura piel de los hombros
me abrazaré a mí misma

Sanaré la herida
y diré a mi chata nariz
que merece loas
que merece glorias
recorridos de dignidad y respeto

Sanaré la herida
y susurraré a mi boca grande
que es digna de felicitaciones y besos
diré a mi frente ancha que ella es
como la Madre Patria África
amplia, explayada, extraordinaria

Sanaré la herida
y no permitiré que nunca
nunca, nunca más alguien me hiera

Afrorepararé
afrorepárate
afroreparemos nuestra familia
afroreparemos la escuela
afroreparemos la comunidad
afroreparémonos todos
afroreparación ahora.

Afroconocernos

Afroconocernos...
Para niñas de pre-pré

hay una niña con llagas en el cuero cabelludo
y cascaritas de esas llagas
entre las uñas que usa para rascarse
hay una niña que creerá que su pelo es lacio
como la textura de los orientales

hay una niña con llagas en el cuero cabelludo
que pregunta a las compañeritas del pre-pre kínder
si a ellas también les arde la cabeza
si les pican las sienes
la nuca
si llevan ronchas y úlceras
si llevan fístulas o pústulas
si tienen lesiones en las patillas
o debajo de la pollina
adentro del riso de la frente *buscanovios*
cubierta con la mata de pelo china
disimulada en la melena de india taína
a fuerza de químicos

hay una niña con llagas en el cuero cabelludo
que creerá que todos los pelos lacios negros y rubios
son producto
de un mismo proceso sintético mensual
comprado en la farmacia de la comunidad
o en el beauty supply de la esquina

hay una niña con llagas en el cuero cabelludo
que pensará que su afro es una maldición
un fufú enviado por los médicos brujos
a esa niña hay que hacerle bailar bomba
hay que enseñarle a caminar en pasarela
hay que decirle que pisa una alfombra roja
así un día entenderá que su pelo es corona

Las Negras de mi Kínder

A las niñas de mi kínder les enseñamos
quién es Juana Agripina de Ponce
les decimos que se liberó
que fue cimarrona
que cargó con sus cadenas debajo del traje
caminando descalza hasta la alcaldía vecinal
que allí enfrente gritaba
a todo el que quisiera escuchar
Soy Libre, ¿acaso a ustedes no les da vergüenza?
Juana Agripina de Ponce no quiso ser más esclava

A las niñas de mi kínder les enseñamos
quién es Angelamaría Dávila
Celestina Cordero
Pura Belpré
Juana Colón
Adolfina Villanueva
Julia de Burgos
Dominga de la Cruz Becerril
Juanita Mills
Ana Irma Rivera Lassen
Mara Clemente López
Mayra Santos Febres
Marie Ramos Rosado
Glorian Sacha Antonetty Lebrón
Esther Andrade
les decimos qué hicieron
y que hacen
las Grandes Negras que son
y que fueron

A las niñas de mi kínder les enseñamos
quiénes son estas mujeres
les decimos que su melena viene
de la herencia de las abuelas congolesas
de las abuelas senegalesas
de las abuelas yoruba y ashanti

A las niñas de mi kínder les enseñamos
que Toda la magia de África
duerme en el afro

Que no te pase como a mí

que no te pase como a mí
que a mis catorce años
cuando dije que estaba enamorada
en mi casa me exigieron mejorar la raza

que no te pase como a mí
que quise hacer caso
quise repetir el error de traicionar
a los míos
quise ser superior
me dejé llevar
por el racismo internalizado de algunos
aprendí a no querer lo negro
siendo yo misma una negra

que no te pase como a mí
que el niñe que me gustaba
era más clarito que yo
pasaba con ficha
el niñe que me gustaba
mejoraría mi raza
según mi familia

luego descubrí
que mi raza no necesita ser mejorada
ya es mejor así
hermosamente negrita
maravillosamente orgullosa

Afrotodopoderoso

Credo del pelo afro

Creo en mi pelo afro todopoderoso
creador de los rizos de este mundo
cabellos crespos visibles e invisibles
creo en la maranta encaracolada
creo en el dubi que se elimina
creo en la expulsión de los rolos y de la keratina
creo en la destrucción del alisado
en la eliminación de la tenaza y el planchado
en el alejamiento de las extensiones
en la exclusión del blower
que se encuentra asentado a la diestra
de la silla en el biuty
Y cuyo reino Sí tendrá fin
Desde allí ha de venir a juzgar
a las hebras lacias y muertas
esas que parecen *lambías de vaca*
esas que parecen lisas tormenteras
esas que solo imitan un pelo sin vida

Creo en el Espíritu rebelde del Afro
en la Santa Yemayá de las Zeretas
en la Comunión de las trenzas
el perdón que brinda el Gran Corte
la resurrección del cuero cabelludo
y la vida eterna guardada en las leyendas
de nuestros turbantes.
Amén.

Poema del pañuelo

Merci, quien de adulta
se convirtió en monja
y luego abandonó el convento
para casarse
con el confinado
al que visitaba en oso blanco

esa Merci que ahora tiene ocho años
y que vive en la esquina
de la calle de mi casa
esa Merci que siempre pregunta
por qué llevo pañuelo
por qué me cubro el pelo
por qué llevo lacitos pequeñitos de muchos colores
por qué me hacen rolos
por qué me ponen aquella crema blanca en la cabeza
para que luego me apeste el cráneo
esa Merci que pregunta por qué no puedo
mojarme bajo la lluvia
por qué no puedo ir a la gira escolar con piscina
por qué las peinetas de afro existen
por qué las hebillas plateadas no se nos caen
por qué

esa misma Merci
un día se pone de pie en la práctica
del coro de la iglesia
parroquia Santa Rosa de Lima
en barrio Amelia de Cataño o Guaynabo
donde existe Carmencita

la solterona de cincuenta años que dirige el orfeón
y que nos pide que seamos sopranos
que seamos requintos
que seamos barítonas
o que al menos no desentonemos
esa Merci
se acerca
y mientras intento armonizar
mientras intento subir el tono
y no ahogarme
me quita el pañuelo

y allí queda expuesta
aquella masa amorfa de hebra avergonzada
que juro nunca
nadie jamás volverá a ver
y que luego juro
nunca nadie jamás volverá a ofender.

Poema del turbante

Honra y resalta tu turbante
laboriosa creación de Ancestras
telas que son testigos
de afromujeres valientes
ellas mantienen vivo
el uso de nuestra corona ancestral
con cubierta o sin cubierta

expresión, identidad, belleza y resistencia
mi turbante está contando algo de mí
dice que soy una heredera de la negritud
dice que soy afrodescendiente
dice que soy afrofeminista
dice que soy una mujer orgullosa
de su tradición
el turbante o guelé para los Yoruba
tukwi para los de Botswana
dhuku para los de Malawi
Zimbabue y Ghana
también llamado foulard en francés
doek para los de Namibia
turbante en afroboricua
origen de la protección del universo
guardianes protectores del cabello
hoy es belleza e hidalguía

Honra el turbante
llévalo a la escuela
al trabajo
a la plaza

a las tiendas
a la universidad
a la playa.

Honra y resalta tu turbante
elemento de hermosura
conexión directa de ancestralidad
historia que es parte
de una misma etnia originaria.

Retoque

Hoy es día de retoque de cabello Afro.
Toca retirar las extensiones,
lavarlo,
acondicionarlo,
mimarlo.
Hablarle bonito al cuero cabelludo.
Usar aguacate,
yema de huevo
y mayonesa en el acondicionador.
Desenredar ambas,
extensiones y cabello,
y decirles a ambos que son amados por mi corazón.

El adorno

Mi hermosa abuela decía siempre:
"Nenita, adórnate el pelo.
No tenemos dinero para diamantes,
pero coloca rhinestones o algún brillito.
Que siempre dé la impresión
que esa es tu corona".

¡Cuánta razón!
Pienso que todas las negras de afro
como el mío
somos reinas,
Reinas Negras.

Afrograduada

Muestra tu #Afro
tus rizos
tu zereta
tu poscón
toda tu maranta en la graduación
Coloca el birrete para que resalte tu realeza
No escondas tu grifería.

Primer día 29

Soy rotundamente negra.

Shirley Campbell

me sorprenden las historias
de gente que cuenta el momento exacto
ese santiamén excelso
esa epifanía proverbial
cual develamiento altisonante
cual descubrimiento improbable
ese instante en que se ven
como los ven otros
y al fin se dan cuenta que son negros

me asombro sin entender apenas
porque en 1970
cuando yo nací en aquel hospital
en la sala de parto a las 7 de la mañana
de aquel primer día 29
vi en el reflejo de las córneas parpadeantes
de médicos y enfermeras
lo vi durante la llegada a la casa con la comadrona
lo vi acostadita en la cuna mecedora
regalada por las madrinas
vi y al son de salsa gorda
de Ismael Rivera y Roberto Rohena
los gritos de La Lupe y Lucecita
voceríos de Cheo Feliciano y Gilberto Monroig
mientras tío Junior me colocaba tarareando
la manita de azabache en la muñeca
para evitar el maldeojo

lo vi
yo vi con mis ojos de niña que se comerían el mundo
yo vi con mis pestañas enroscadas
en la herencia de mi abuela alemana
en la herencia de mi abuela cimarrona
en la herencia de mi bisabuela nana de leche
en la herencia de mis raíces senegaleses y el canto
yoruba
yo vi
yo lo vi
vi como todos me miraron y yo lo supe
en aquel microsegundo de nacida
en aquel nanosegundo de respirada
de saberme distinta
liberada y libertaria
rebelde
abolicionista
nunca obediente a amo alguno
nunca sometida ni sumisa
aún adherida yo a la placenta de mi madre
aún sin ombligo y con hambre
aún sin ser esclava
sin ser esclavizada
sin tener cadenas ni carimbos ni cepo
aún sin haber sido secuestrada y puesta bocarriba
en barco negrero alguno
aún sin haber sido burlada
bromeada
mofada
señalada
comparada
minimizada
aún sin haber sido trenzada
recortada

alisada
o rapada
yo vi
yo lo vi

vi como todos me miraron y entendieron
y se dieron cuenta
en ese instante de luz
de que yo era negra
tan negra como la antimateria que rodea el universo
que lo seré en estas y otras vidas
que sí soy negra
rotundamente
altaneramente
orgullosamente
negra

Libertá

Ha habido un problema en cómo se ha promovido
la negritud como fealdad, como criminalidad,
siempre como algo malo.
Cuando la negritud sale se le asocia con cosas feas.

Dra. Marie Ramos Rosado

Libertá, esa palabra
es tan necesaria
que hasta me la he tatuado
en mi cuerpo
en mi negra cuerpa
así, mal escrita
con acento en la A y sin la D
para que mis hijas, nietas y biznietas
sepan que su Ancestra
siempre fue libre
libre y rebelde
que sepan que escribió
diseñó
e inventó su propia libertad
como gusto y gana le dio
como le dio la real gana
Afrolibertá

Soy de la Encendida Calle Antillana

Soy de la Encendida Calle Antillana
caribeña orgullosa
isleña jactanciosa
me da tristeza saber que algunos
no quieren que aprendamos
quienes fueron nuestros
Hombres Ilustres Negros
no quieren que reconozcamos nombres como
Manuel Alonso Pizarro
Eleuterio Derkes
José Ramos y Brans
Tomás Carrión Maduro
José Elías Bernard
Eleuterio Lugo
José González Quiara
Eduardo Conde
Luis Felipe Dessus
José Elías Levis Bernard
Arturo Alfonso Schomburg
Afroboricuas orgullosos de siglo 19
negros de 1800 que escribieron
que publicaron
que crearon
que denunciaron desde las artes

junto al teatro de los artesanos negros
en Arroyo y pueblos limítrofes
con costa, playa e imprenta
próceres afropuertorriqueños
que rindieron gloria desde las palabras
desde la literatura
desde el verso

Soy de la Encendida Calle Antillana
y me entristece saber el poco interés
del mundo boriblanquito en mi patria
no han prestado atención a la negritud
no han dedicado tiempo a su estudio
las ausencias de temas raciales
ha percudido los tratados
las investigaciones
la historia
despierta afroboricua
que han dado la señal
nuestra cultura sigue incompleta
mientras permitimos
esta invisibilización

Soy de la Encendida Calle Antillana
y me duele el abandono
la distorsión
la lucha y la denuncia
el quítate tú pa' ponerme yo
me duele que Palés no fuera negro
me duele que Julia
haya sido emblanquecida
en cada retrato
me duele la vanagloria de los blancos
los que no son solidarios

aquellos que aprenden lo negro
que realizan tesis sobre su praxis
que dictan disertaciones
sobre mi negritud
me angustian los negrólogos del mundo
ya lo he dicho
Yo soy de esta Encendida Calle Antillana

A mi plín y a la madama dulce e coco

A mi plín y a la madama dulce e coco
es un refrán que usamos en Loíza
las negras de esta tierra de rebeldes
saben qué decir para defenderse
saben qué expresar
cuando quieren dejar atrás el dolor
al que son sometidas a diario
por tanto racismo
a mi plín y a la madama dulce e coco
es Qué me importa
qué me importa que quieras hacerme sentir mal
es decir: no me importa
yo Resisto
tengo afroamor propio
qué importa que quieras
hacerme sentir fea
Soy hermosa
qué importa que intentes
hacerme sentir insignificante
no lo soy
yo he venido a ser Reina
he venido a ser Diosa
he venido a pavonearme con mi afro
con mis nalgas
con mi boca grande
con mi nariz ancha
he venido a ser
y no me importan tus insultos
debería darte vergüenza
no me importan tus exclusiones

yo me incluyo
no me importa tu ninguneo
vengo a ser visible
porque a mi plín y a la madama dulce e coco

No estamos

La negritud da trabajo sacarla de la boca,
nadie quería hablar de ella.
Aún hoy tenemos ese reto;
impulsar un diálogo más amplio acerca de la negritud.

Dra. Marie Ramos Rosado

¿Qué no estamos haciendo?
No estamos dejando
que las negras y los negros
se eduquen sobre nuestra historia afropuertorriqueña

¿Qué no estamos haciendo?
No estamos permitiendo que siembren
y cosechen orgullo
sobre el legado de sus ancestrxs
sobre su árbol genealógico
sobre su tradición

¿Qué no estamos haciendo?
No estamos haciendo suficiente
para que las negras y los negros
pasen al frente
no estamos permitiendo mentores,
líderes o directores
entre los brazos de resistencia
y las caras lindas de mi pobre gente negra

¿Qué no estamos haciendo?
No estamos dejando que nuestras negras y negros
puedan por ellos mismos

no estamos amando a nuestra Isla negra encadenada
y con deseos de ser liberada
no estamos hablando de los próceres negros
no estamos hablando de las poetas negras

¿Qué no estamos haciendo?
No estamos
no estamos mirando
no estamos enseñando
no estamos aprendiendo
no estamos repitiendo
que lo negro es realeza
que lo negro es dignidad
que la negra tiene tumbao
pero también tiene inteligencia
que la negra es hermosa
pero también posee entereza

¿Qué no estamos haciendo?
no estamos
no estamos amando
a la Madre Patria real
no estamos hablando de nuestra familia
emigrada de África
no estamos hablando de los reyes y las reinas negras
de quienes descendemos
no estamos enseñando
no estamos aprendiendo
no estamos repitiendo
que somos dignidad y somos portento.

Maestra Celestina

Maestra Celestina
yo te miro desde este rincón
desde este lugar en donde me escondo
y veo tus negras y lindas manos sobre ese delantal
veo cómo tus brazos se abanican
en ese traje de falda larga
admiro cómo tu turbante engalana
esa cabeza prodigiosa
y veo cómo te preparas para entrar al zaguán de clases
en donde enseñarás a unas niñas blancas y negras

y yo quisiera Maestra Celestina
negrita linda como yo
que algún día mi madre me envíe a tu escuela
así como lo aprendí en yoruba
wuyi bold bi
ti o lojo iya mi rán mi re ile-iwe

Yo quisiera Maestra Celestina
negrita linda como yo
que algún día cuando camines por los adoquines
cruzando las calles para el mercado
para ir a al centro y al malecón
descubras que te estoy esperando
que soy esta niña
que acompaña a la amita blanca a la iglesia
que la acompaña al mercado y a la plaza
que voy con ella hasta donde se dan los pregones
allí donde subastan a los otros esclavos

quisiera que me notaras
que te dieras cuenta que existo
que pienses que aunque soy negra y esclavita
nací para ser libre
Mo ti a bi lati wa ni free

Así me pienso yo a veces
y no creo que sea pecado como dicen los monjes
no sé qué hacer con estos sueños
que rondan mi cabeza cuando cierro los ojos
y me acuesto a dormir en el piso
al lado de la cama de la amita blanca
no sé qué hacer con esos sueños en los que vuelo
esos sueños en los que me puedo echar al mar
ala ninu eyi ti mo leefofo
awon ala ninu eyi ti mo ti le mu mi si awon okun

sueño una fantasía en la que ya no tengo siete años
y puedo estirar mi mano
y comer la fruta que yo quiera
regresar a las praderas verdes de la casa de mi abuela
al otro lado del mundo
hoy no puedo bajar al patio
y jugar con los otros esclavitos jornaleros

No sé qué hacer con este sueño de libertad
que a veces me ataca
quisiera correr al regazo de mi madre
y pegarme todavía a su teta de leche
chupar de sus pezones hasta tranquilizarme
pero lloro al no poder
porque el pecho de mi madre
pertenece a los amos blancos
iya mi ká àyà je ti si awon funfun oluwa

la comida que fabrica el cuerpo de mi madre
está destinada a saciar el hambre de los poderosos

Quisiera Maestra Celestina Cordero
aprender a leer y a escribir
para enseñar a leer y a escribir a mi madrecita
quisiera Maestra Celestina
negrita linda como yo
escribirle cartas a mi mamita
que ella las lea a pesar de su joroba
y desde el dolor de sus huesos
y desde el cansancio del sol y los sudores

trabaja en la hacienda desde que se levanta el día
hasta que se oscurece la tarde
ella ha prometido ser una esclava coartada
y me ha explicado querida maestra negrita linda
que ser coartada significa comprar la propia libertad
ominira ti ara
ominira ti ara
ominira ti ara

quiere comprar su libertad y quiere comprar la mía
mi ominira
mi ominira
mi ominira
me ha contado tantas veces
que los hombres y las mujeres
llamados abolicionistas
hombres blancos y mujeres blancas
que son buenas personas
nos ayudan

ellos se dedican a ir a la iglesia
a las parroquias y a las catedrales
y compran niños esclavos pequeños
para luego hacerlos libres

Yo no he tenido esa oportunidad
por eso quiero volar
por eso quiero ser libre

Por eso quiero entrar a ese salón suyo
del que tanto hablan Maestra Celestina
negrita linda como yo

Ojalá que algún día Maestra Celestina Cordero
tenga usted esa sala de clases llena
de niñas y de niños
los blancos y los negros
las blancas y las negras todas juntas
Ojalá y te dure mucho esa escuela
negrita linda Oluko Celestina
porque si mi mamá compra mi ominira
y yo puedo tener
hijos e hijas omobinrin libres
me gustaría que fuera usted
quién les enseñara a leer, a escribir y a contar
Mi madrecita siempre me llama
"negrita linda" a escondidas
dudu cute
dudu cute
dudu cute
lewa bold

me llama por mi nombre yoruba en secreto
a veces cuando nadie observa
se levanta la blusa polvorienta del campo
llena de matojos, yerbas y cohítre
mira para todos lados
cuidando que nadie vea
que nadie castigue
que nadie la azote
y mete su teta en mi boca

Yo trago trago trago esa leche
y sorbo y bebo
mimu wara
mimu wara
mimu wara
porque en ocasiones tengo hambre o tengo sed
casi nunca es esa hambre o esa sed real
a veces todo lo que quiero
es poder colocar mi cabeza en el pecho de mamá

El dato original de Celestina Cordero, hermana del maestro Rafael Cordero, recogido en este texto poético, ha sido inspirado en fuentes históricas encontradas en el periódico La Gaceta de Puerto Rico de 1806-1902 (digitalizado en el Library of Congress). Celestina Cordero fundó en 1820 la primera escuela de niñas en San Juan, Puerto Rico. Incluimos a continuación, el recorte del anuncio original de 1847.

Niños pobres en las escuelas públicas de instruccion primaria de la ciudad, por el Excmo. Ayuntamiento, en todo el mes de Diciembre de 1847.

En la de D. Juan Prudencio Monclova.................... 28
En la de D. Manuel Serjio Cuevas..................... 36

En la de Celestina Cordero........................ 27
En la de Simona Peralta........................ 15
En la de Toribia Requena........................ 17

Total

Tratado de Nueva Masculinidad
para criar hijos afrofeministas

Hay que educar
desde la conciencia de las minorías.

Dra. Marie Ramos Rosado

Nos urge implicar a la mitad de la población:
los hombres
nos urge como madres criar hijos
que estén de nuestra parte
hijos que se solidaricen con empatía
con nuestras luchas
con nuestras exigencias
con nuestros derechos
hijos valerosos que quieran romper el patriarcado
que quieran distanciarse de la violencia
que aprendan a No acosar
que aprendan a No violar
que crean que la mujer es también su igual
que es valiosa
que no es un traste
o un aditamento doméstico

Nos urgen campañas como
#heforshe de las Naciones Unidas
campañas con un hashtag
#EstoyContigoMujer
#EstoydelLadoFeminista
#CreoenlaIgualdaddeGénero

Nos urge un compromiso con los derechos humanos
Nos urge una nueva masculinidad
un hombre que de chico pueda llorar
pueda mostrar sentimientos
pueda retozar con la cocinita de juguete
pueda jugar con las muñecas
porque quiere ser mejor padre a futuro
nos urge un hombre
que pueda vestir de rosa
sin que se caiga el mundo.

El mundo merece
a nuestros hijes feministas y afrofeministas
el mundo merece
que la igualdad nazca en casa
que juegue en casa
que se crie en casa
nos urge esa prueba de amor suprema
nos merecemos una nueva masculinidad.

Juramento de Renuncia al Machismo
(para **niños** a partir de los 5 años)

Coloco mi mano derecha en el pecho
y juro solemnemente
no volver a ser una herramienta
del machismo
Es un acto detestable de creerme superior
y dominante
que desemboca en ser abusivo
simplemente por ser hombre

Renuncio al privilegio que ha creado
la sociedad patriarcal
renuncio a ser cruel
renuncio a tratar con crueldad a mis hermanas
mis amigas
mis maestras
mis familiares mujeres
renuncio a verlas diferente
renuncio a tratarlas con maldad

Juro junto a ellas lograr la equidad
juro volverme un aliado para hallar la bondad
juro generosamente crecer
y tener hijos e hijas en justicia e igualdad

Juramento de Renuncia al Machismo
(para **niñas** a partir de los 5 años)

Coloco mi mano derecha en el pecho
y juro solemnemente
no volver a ser una herramienta
del machismo
No seré más una colaboradora
de aquellos que me maltratan
no creeré las historias que hacen
convenciéndome de que soy inferior
Es un acto detestable y abusivo
ser la hermana
la amiga
la conocida o la novia
de alguien que me trata mal
simplemente por ser hombre

Renuncio al sometimiento que ha creado
la sociedad patriarcal
renuncio a permitir que el hombre sea cruel
renuncio a permitir que me vean diferente
Yo Soy Una Igual
renuncio a permitir que me traten con maldad

Juro junto a estas otras mujeres lograr la justicia
juro volverme afrofeminista
juro hallar la bondad
juro generosamente crecer
y tener hijos e hijas en justicia e igualdad

Juramento de Renuncia al Racismo
(para **todes** a partir de los 5 años)

Coloco mi mano derecha en el pecho
y juro solemnemente
ser justo
y ser generoso
aceptarme ser humano
y aceptar el ser humano
que hay en el otro
juro solemnemente dejarme llevar
por los principios de igualdad
por los principios de dignidad
por los principios de justicia social
juro no discriminar
juro no expresar prejuicios
juro no mofarme
ni pintarme de negro como burla
juro tratar con Equidad
a las negras y negros de este país
trataré con ética a los afrodescendientes
de mi Isla, El Caribe, el mundo entero
juro entender su historia
juro aprender a reparar el daño
que la esclavitud trajo a la humanidad
Juro solemnemente no ser racista jamás.

10 claves para criar a un niño feminista
Según el New York Times y yo

1. Que se exprese
2. Que sea genuino
3. Que llore
4. Que aprenda a cuidar el hogar
5. Que aprenda a cuidar a otros
6. Que aprenda a cuidarse él mismo
7. Que tenga amigas
8. Que aprenda que No es No
9. Que aprenda a nunca usar la palabra niña con desprecio
10. Que lea historias cuyas protagonistas sean mujeres y niñas

Afrofeministamente

Soy una afrofémina puertorriqueña
una afroboricua guillá y con babilla
una AfroDiva de tres pares de ovarios

Soy lo *afrofeministamente* correcto
visible y temible
exijo igualdad racial para mí y mis hermanes
exijo que se reconozcan mis experiencias
y las de mi pueblo
las de mi genealogía milenaria
que sean colocadas
en nuestros libros de historia
nuestros libros de texto
en nuestra ficción, narrativa y poética
Soy lo *afrofeministamente* correcto
mis rostros y colores deben aparecer en las portadas
en los anuncios
en las academias
las ceremonias
los murales
en las calles y avenidas
y hasta en el espacio sideral
Soy lo *afrofeministamente* correcto
decido por mí
por las mujeres que hoy me acompañan
por las Negras poderosas que me visitan
se me aparecen en sueños
me dictan sus leyendas encomiables
pueblan mi ejército de poetas
cantadoras

bailadoras
comadronas
educadoras
amamantadoras
amadoras
amigas
abuelas
y estas son mis AfroAmoras.
Soy lo *afrofeministamente* correcto

Se nos ha enseñado una historia mitificada del opresor con el propósito de fomentar el blanqueamiento cultural de tal manera que admiremos más al colonizador y despreciemos al oprimido.

El trabajo de la negritud no está organizado aún. Éste solo sale a la luz en momentos muy particulares: publicación de un libro, creación de algún curso u ofrecimiento de algún taller, o por supuesto cerca al momento eleccionario. O si nos visita algún negro o negra, mulato o mulata de reputado prestigio: ¡Obama! Pero mientras tanto, la situación de la negritud puertorriqueña sigue durmiendo el sueño de los justos. Y los partidos y líderes políticos lo utilizan solo como folclore, para sus intereses y sus migajas coloniales.

Dra. Marie Ramos Rosado

Contenido

Yolanda Arroyo Pizarro es la escritora puertorriqueña que más adora la novela El Principito. Tiene una colección de 220 ejemplares en varios tamaños e idiomas como japonés, griego, turco, italiano, nahualt y braille. Sus historias están habitadas por los astros, los planetas y asteroides, como un claro homenaje a este texto que tanto significado tiene para ella. Es madre de una preciosa hija de nombre Aurora, en quien se ha inspirado para escribir poemas, cuentos cortos y novelas.

Sus escritos promueven maravillosas lecciones que denuncian la justicia social y la igualdad entre todos los seres humanos. También visibilizan apasionados enfoques sobre la discusión de la afroidentidad y la derogación del racismo. Es directora del Departamento de Estudios Afropuertorriqueños, proyecto performático de Escritura Creativa que responde a la convocatoria promulgada por la UNESCO de celebrar el Decenio Internacional de los Afrodescendientes. Dirige la Cátedra de Mujeres Negras Ancestrales con sede en EDP University en San Juan, Puerto Rico y ha sido invitada por la ONU al Programa "Remembering Slavery" para hablar de mujeres, esclavitud y creatividad en 2015, y presentar el Proyecto de la Cátedra en Harvard University en 2017.

Esta activista a la que le encanta escribir sobre las lanchas de su pueblo natal, Cataño, ha ganado los siguientes galardones: Premio Nacional del Instituto de Literatura Puertorriqueña en 2008, Premio Nacional de Cuento PEN Club de Puerto Rico en 2013, y Premio del Instituto de Cultura Puertorriqueña en 2012 y 2015. Fue elegida como una de las escritoras más importantes de América Latina en 2007 durante la iniciativa Bogotá 39 y ha sido elegida Escritora del Año en Puerto Rico en 2016.

Ha publicado diversos libros infantiles y juveniles. A Yolanda le fascina leer, escribir, bailar y cantar desafinadamente. Durante su adolescencia dibujaba y pintaba, y le encantaría volver a conectarse con ese arte. Es fanática de la Torre Eiffel, los juegos de dominó y el chocolate oscuro.

Made in the USA
Monee, IL
17 July 2022

99835017R10058